Colección

Panhispánica de poesía

LA MELANCÓLICA ANDANZA DEL CORAZÓN DE LOBO

Van R. Lycour

Colección

Panhispánica de poesía

Casa Bukowski
Editorial

www.casabukowski.com
www.radiobukowski.org
Contacto: casabukowskieditorial@gmail.com

Colección Panhispánica de poesía

La Melancólica Andanza del Corazón de Lobo
©Van R. Lycour

Director de edición	:	Ivo Maldonado
Editor	:	Ivo Maldonado
Diseño de portada	:	Miguel Infor
Diagramación y diseño de interiores	:	Miguel Infor
Encargada jurídica y administrativa	:	Silvia Valdés

ISBN: 978-9942-44-952-8

Primera edición, Editorial Casa Bukowski, Santiago de Chile, 2023.

PRIMER LATIDO
EL ÉXODO HACIA LA NADA

CARTA A MARIE

Hey, Marie ¿estás ahí?
¿Escuchas mis palabras degeneradas en inaudibles lamentos?
Y de no entender lo evidente de este aullido eterno
Desgarro cada sentimiento
Los desolló y te hago palabras
Tantas como puedan caber en esta carta.

Más de la mitad hablan de amor
Y de sus sombras escurridas en tinta
Más de la mitad hablan de odio
Mis aullidos perdidos braman el dolor
De palabras de un corazón que se ha convertido en cenizas

Miro tus manos de porcelana resquebrajada sobre el tocadiscos
Recorriendo aquellas caderas indomables se pasean por el vestíbulo
Tocándote con el temor de lastimarte, con el temor de romper este sueño
Te arrancas de mi toque y huyes hasta el sótano, en tu sensual contoneo.

Hey, Marie
¿Supiste cuánto te amé alguna vez?
Hey, Marie
¿Supiste cuánto te odio desde entonces?

Tendiste sobre mí tus confesiones un verano, y te creí
Arrancaste mis temores con tu calor un otoño,
entonces confié
Partías en invierno buscando algo,
y en primavera no volverías
Te odie cuando abril llego
Pues esta confianza se había convertido en fe para diciem-
bre
Rindiendo culto a los rastros que dejaste en la nieve
Y como tus huellas, al cabo de unos días, desapareciste.

Hey, Marie
¿Has estado en Paris?
Hey, Marie
¿Has estado en Moscú?
Pues por unas cuantas monedas he vendido mi fe ahí
Algunos la compran como poesía,
otros como un drama de segunda mano
Si me lo preguntas, yo la compraría como comedia mediocre
de un idiota enamorado.

Y me pregunto "¿Dónde estás Marie?"
Retumbando en estos adentros
"No quiero encontrarte Marie"
Pues dolería aún más si partes dejando tu rastro en mis
sueños
Sin encontrarte en la sala, ni en el corredor

La terraza está desolada sin el aroma a café de tus tardes
Estas en el ático, rodeada de neblina de un tabaco que en tu mano arde
Impregnas de tus memorias cada caja y cada ruido del viejo tocadiscos
Te persigo y desvaneces con el humo que se escapa por el ventanal, lejos
Y para cuando se acaba este cigarro, tú ya eres un recuerdo
...
Más la música continua.

RELOJ DE ALCOBA

El silencio del reloj después de medianoche abruma
Los fantasmas vienen y hacen de las suyas,
Entre las sábanas de seda color carmín
Los toco y brevemente desaparecen como espuma.

Galopando por la habitación
Y luciendo las memorias del anhelo en su crin
Cabalgan hasta estrellarse con el segundero
Que los asesina y vuelven a revivir.

La vida sedienta de afecto
Se oculta en la brecha que, entre líneas, viaja el minutero.
Segundo a segundo
Eternidad a eternidad
Yo espero.

La grácil melancolía palpa su cuerpo con el mío
Acariciando lenta mis mejillas con sus dedos
Milímetro a milímetro,
Suspiro a suspiro
Yo espero.

Es entonces que el insomnio acontece
Es entonces que esta armadura emblandece
Es entonces que mi pensar se embriaga en supuesto concilio
Y me dejo guiar por sirenas al jardín del olvido.

4 am. Tiempo de tiempos felices que solo ahí emergen
Despego galopando entre veredas, hundido en la crin de
aquel fantasma tan recurrente
Los cánticos en canon se entonan súbitamente

El viento susurra versos, que reconfortan el alma al compás
del corazón latiente.

El sonido del segundero toma su curso
Palabra a palabra
Verdad a verdad
Abren mis ojos y se desploman conmigo.

No son las 4 am, no hay veredas
No hay pronunciaciones que den aliento a esta mente
Solo mariposas de cristal que mueren lentamente.

Destino a destino
Fragmento a fragmento
El reflector cae cubriendo cada error con su luz.

No encuentro respuesta a la pregunta por algo que no está
No encuentro un final para el clímax que, alebrestado, va
No encuentro palabras que pronunciar para llegar al olvido
No entiendo razones para sentir mi vacío.

Las palabras superponen los fantasmas en un mismo texto
Prefiriendo expeler recuerdos de sus entrañas a esta ciudad
Siendo que las manos se deslizan por la pared que no se
puede mirar
De un callejón sin salida, en una mente llena de oscuridad.

Alucinaciones vividas de carne extirpada hace tanto tiempo
Albures de una vida danzando en tiempos acordes sin poder
ser
Se vuelven la vida misma con cada lamento
Sin lograr consumarse y morir, solo queda el perecer.

Y me encuentro aquí,
Flagelado por mí mismo
Fuete inclemente
Ensangrentado por el pasar del segundero.

Acechante, el miedo se posa en mi hombro,
Recitando palabras para los muertos
Caída a caída
Fantasma a fantasma
Ruego no ser herido.

Se diluyen las esperanzas en gotas de briza
Que se secan en mi frente al huir del lugar
Pues solo queda el silencio y el tiempo eterno
En que lo único que queda es galopar.

PRIMERA FILA

Lejanos lugares marcados por cinco metros
Donde un cortés saludo tuvo lugar
Una sonrisa pícara, siniestra, a juego con aquella mirada
abismal
Consumían mi consciencia, como aquel que contempla ate-
rrado la belleza
del mar.

Con la indiferencia que se le puede dar a lo sublime, tome mi
lugar
En la mesa poco usual
Frente al gran espejo
Con primera fila, a donde sus ojos podía encontrar.

Se encabuyen miradas de cuando en cuando
Aprecio su figura sobre la barra y su derredor
Personajes secundarios bailoteando y vociferando
Solo contrastando la belleza de su voz.

Es así que en accidente me topo con mis propios ojos
Reflejando la inocente mirada de un hombre que gusta de
una mujer
Temeroso de lo imponente que su corazón pudiese ser
Sintiendo su estupidez dejándolo perplejo.

Historias breves habían ya sucedido
Sonrisas compartidas como moneda tan valiosa y de uso
común
Algunas palabras y canciones en las noches de azul
Algunos mensajes que buscaban su corazón furtivo.

Y tras toda escena puesta en mi cabeza, pude sentir
Aquella furtiva mirada haciendo suya esta imagen
Y como estrella fugaz, desapareces conmigo entre tus pupilas

Como si el firmamento nada dijera de ti.
Así, siempre, solo eso me queda
La escasa arena que apenas mis dedos pueden tomar
Tragando del mar el escaldar de la sal
Y en la mano, restos de polvo de estrellas.

Destajo, de mi voz, palabras que darte
Mientras tus ojos proyectan un tenue haz de luz que perfora
mis adentros
Pero nunca hacemos la apuesta contra estos escasos metros
Que separan nuestras manos de sentir los latidos en el pecho.

Y , en un último, segundo encuentro las puertas del Edén
Mientras nuestras miradas se cruzan por última vez
"¿Tú que sientes?" pregunta que me hace partir del lugar
Ensimismado en el dolor de verte partir indiferente.
Me pregunto, dueña de este sueño diurno
Que juegas con este corazón en un malabar
Y lo acoges en tus ojos a momentos
¿Algún día me habrás de despertar?

LAS ESTRELLAS QUE RAYAN EN EL HORIZONTE

Ellos, aquellos que llamo amigos
Los malditos, desolados peregrinos
Víctimas y victimarios de un destino
Aquellos que marchan con el crujir de sus latidos
Que en voluntades han caído en el camino
Manteniendo una rodilla a noventa grados del piso.

Aquellos que a Caronte se han acercado
Con o sin las dos monedas en mano
Aquellos que de la herida hicieron trazos
Esos que hicieron de un cigarrillo sus lazos
Que de unas cervezas nació la esperanza de ver el ocaso
Que de su abrazo nos valieron de su legado

Hoy brindo por ustedes
Hoy brindo con ustedes
A las afueras de un rancho
En la jardinera bohemia
O en algún cerro, acampando

Me basta decir que somos
Las estrellas que rayan en el horizonte
Aquellas que rondan silentes
Sin protagónico para la ingenuidad del hombre

Las más bellas para aquel que busca en las tinieblas
Las tinieblas para aquel que busca la belleza
Aquellos que su certeza ha sido derribada
Y que de lo derribado pueden conseguir certeza

Brindo con ustedes hermanos
Pues todos fuimos los perdidos
Que en nuestros pasos sin sentido
Nos encontramos, sin fe, sin latidos

Y aquí estamos, rondando la noche más bella
Unos se drogan y beben cerveza
Otros orinan detrás de la hierba
U observan la luna y lamentan la pena

En el horizonte me encuentro situado
Tomo un cigarrillo, lo fumo y me digo
"Ellos, mis amigos
Los malditos, desolados peregrinos
Victimas y victimarios de un destino
Son todo eso que yo necesito":

SIMULAR

¿Cuántas almas se lleva el vacío?
Suficientes para no dar la vuelta al cambio
Rellenando ese hueco con lirios
Y tempestades que nuestros pasos han clamado

¿Cuántos lamentos se puede llevar aquello amado?
Eso no nos importa,
ni tiempo,
ni horario
Solo hacemos caso al pecho desangrado
Cuando en principio, el corazón para entregarlo, lo hemos
arrancado

Basta con sentir el viento helado en la herida
Los cuervos arrancan de mi garganta la voz y la vida
Vida que te doy, susurrando memorias por las avenidas

Pues si camino en tus pasos,
Aun moribundo y descalzo
Presiento ya no estarás perdida

Y me pregunto
"¿Cuántos pasos faltan para llenar la partida?"
Si entre mi voz resquebrajada y mi pluma extinta
No me he dado abasto para suturar la herida
Asesinando la esencia de la gente que amo
Me llevaré hasta la tumba mil almas que simulen tus brazos.

NI TÚ NI YO

Ni tú, ni yo
Siendo esto imposible
Los dos serenos
Como el mar
Devastados
Como la tormenta

Nos buscamos entre estrellas
Y nos pierde el mundo
Perdemos el norte
Pues nuestro sur está oscuro

Me miras
Y encuentro un cristal
Tus corneas capturan nuestros labios
Se perpetua tu sonrisa superpuesta a la mía

Porque cuando te cantaba
Siempre fue una balada en piano
Porque cuando intimábamos
Siempre fue querer ser destruido

Me callas
Con una sonrisa
Que perfora pulmones
Y roba nuestro aire a prisa

Te encuentro
En la acera de enfrente, en paz y alma quieta
Nos acercamos y extendemos la mano
Ninguno la toma y reímos de pena

Me encuentro, te encuentras
Y aunque paralelos, caminamos de cerca
Observando los semblantes eternos
Del preludio a un final, que pronto se acerca.

Ni tú, ni yo
Solo cenizas de dos
Se han perdido en la arena
Sin saber que pasó

HERIDAS DE UN ERRANTE

Se dice que el mundo toma un curso
En las líneas, espirales y demás cosas
Y hallándome entre multitudes de leonas y rosas
Lugar afable encuentro en el filo del mundo.

De esta manera paso mis días y gasto las horas
Observando entre balcones y el asfalto
Los sueños que en poemas he plasmado
Que son el tacto entre lo imposible y la derrota.

Así, la muerte es para aquellos que no aman
O bien, para los que aman en exceso
Haciendo sombra al corazón, nace un deseo
Negándome el derecho de morir saciado o en falta.

Me condeno a buscar esa pieza eterna
Fragmento que somete, encadenando al intelecto
Atando todo pensamiento a la incoherencia
Uniendo y atesorando migas inconexas de afecto.

Encarando y culpando a todo otro de mis defectos
Las virtudes amargas son traslapadas entre pecados per-
fectos
Ciencia personal, fallida, repugnante, e inconclusa
Artimaña catastrófica que ignora el culminar de mis deseos.

Pues me lastiman palabras confidentes
De cercanos que no entiendo sus conceptos
Volviendo pilares en escombros permanentes
Siendo naturaleza, siempre cambiante en misterios.

La esencia impregnada en las eras nunca desvanece
Cansado de revoluciones infructuosas, decadentes
Renuncio a ideas endebles y a todos aquellos resurrectos
Que hacen creer en espejismos y alucinaciones de un porve-
nir.

Las caricias cercanas, en el dolor, abrieron mis cuencas
Dejando, al dormir, los ojos pendientes a las promesas
Entregando los cuchillos a quien deba
Clamando dejarme sufrir los borbotones en mi pecho.

He vivido solo, viendo mis lugares hechos pedazos
Derrumbándome entre el miedo que en mi piel encarno
Plasmando una herida, carne viva, que se pudre al ocaso
Lunas eternas de estas noches de veintidós años.

Carne viene, carne va y entre ello se perece
Se desprende con gran facilidad de nuestros brazos
Silentes gritos de agonía remojada en llanto
Haciendo al alma parecer que muere apacible.

Sin embargo, no hay punto en dar cuenta de esto
Coser y cortar retazos es lo único necesario
Puesto que a caminar se aprende desgastando los pies entre
piedras y asfalto
Bordeando la frontera de la ilusión y el desasosiego.

ENCONTRÉ UN AMOR

Encontré el amor una vez
De gratos momentos y tristezas por mes
Hoy lo miro desde el asiento más lejano
Viendo volar las reminiscencias de aquella mujer.

¡Hombre, pero si yo la amé!
La dibujé entre mis letras y le di vida en el torpe resonar de
un violín
Capturando en una jaula de cristal su sombra
Ave de bello plumaje que volaría para siempre de mí.

Una vez rota su prisión, entre sangre caliente de gorrión
Dibuje su silueta entre las hojas secas de otoño
Escuchando aquella voz resquebrajada que perdió
La vi desmoronarse como las hojas secas de otoño.

Arrebatando mis recuerdos al viento
Entre lágrimas, quise reconstruir aquella ave y su jaula que
yacían muertos
Recreando en forma perfecta a los restos
De su cara, su esencia y su miedo.

Aquella mujer había muerto en libertad
De la prisión hecha de un amor desmedido
Convirtiéndose en un pequeño gato blanco escurridizo
Aparece intermitente en búsqueda de amor y suplicio.

Abrazos de ceniza ahora queman estas manos
Como recordatorio de la artesanía macabra
Plantando el cielo en mis labios
Seccionando el corazón a capricho de la dama.

Ahora esto es lo que hay
Solo restos de mí, sobre restos de ella
Justo pago como precio de la inclemencia
Detenta el imposible de alguna vez amarnos.

Encontré un amor una vez
Y yo mismo me encargue de asesinarlo
Ahora los días los vivo en la intermitencia y recuerdos de
sus brazos
Sabiendo que, en cualquier momento, aquellas manos bellas
me harán pedazos.

DOS BELLAS DAMAS

Cortejo dos hermanas preciosas
Aunque bien, sus defectos abundan
Entre flores regocijan mientras la lluvia
Como los lobos, por las noches deambulan.

La mayor siempre ha sido tétrica
Usando el firmamento como cairel
Sus tímidos ojos aprecian el tiempo
Presencian el acabose con su caricia sobre la piel.

Muy sabia, encantadora, adictiva como la morfina
Guarda en sus manos el sopor que no brinda la vida
Cálida, afable, que posee por egida su sonrisa
Ocultando su delicado ser de toda curiosa vista.

Como la luna, solo acoge a quien lo merece
Siendo contemplada por todos, intimando muy escasamente
Su piel postra hasta al ser más fuerte
Rodeando la atmosfera con su aroma de lycoris viviente.

La otra, por ser menor es más tierna
Recibiendo elogios de todos por doquier
La jactan por su juventud de ser buena amante
Pues ella siempre recibe a quien fuese.

Su exigencia para con sus amoríos no es grande
Pues encuentra con cualquiera la noche sobrevivir
Una escurridiza gatita que busca
De todos un poco de sí.

A ambas las topas en cualquier lugar de las calles
O en alguna casa bebiendo café
Aquellas hermanas, doncellas gráciles
Las cuales todos cortejan por lo menos una vez.

La mayor tiene un secreto que clama con anhelo
Un amor eterno que poder tener
Maldita por su deseo, este se escurre siempre por sus dedos
Haciendo a cualquiera en sus brazos perecer.

Ella busca algo precioso
Que, triste, parece nunca podrá encontrar
Su hermana, por el contrario
Es plena con algo mucho más fugaz que le de felicidad.

Por los días gozo de los placeres de la menor
Por las noches, la mayor y yo intimamos sin parar
La vida y la muerte besan mi rostro en éxtasis y fervor
Hasta el día de mi cese, donde dolor se funda con el mar.

DE A MOMENTOS

Sí, te pienso de a momentos
Y si lo hago es por mera cuestión económica
Pues usted bien ha de saber
Que dar huesos por tiza no es la misma cosa.

Si te pienso a momentos es solo por ahorrar
Esas constantes madrugadas que dedique a tus ojos
Y los eternos medios días en que contemplaba las comisuras
de tus dientes
Son cosas que hoy son mejores de guardar.

Si te pienso de a momentos es solo por el tiempo
No puedo permitirme gastar mis años en ello
Persiguiendo cada bella hebra de pelo que recuerdo en tu
frente
Y que se depositaban en la mía al tenerte.

Si te pienso de a momentos es por la temporada
Ya que en primavera inicia, y en otoño se acaba
Los momentos en que las diminutas fresas rosas maduran
Par que portas en tu pecho, y que de cuando en cuando ahí
mi alma reposa.

Si te pienso de a momentos es una cosa de distancias
Pueden ser nuestras diacronías
Entre nuestros labios y nuestras caderas
Entre nuestros sentires y nuestras vidas.

Sí, te pienso de a momentos fugaces
Y procuro que esto sea por las noches
Bien saben estos corazones lo que siente el pecho
Pues en latidos se palpan, sin nunca tornarse en golpes.

CAMINOS

El eterno retorno del que tantos han hablado
Resulta enigmático, incierto, y de hecho pesado
Pues me parece injusto, alevoso y cansado
Que nuestra historia se reedite a cada paso que damos.

Y le pregunto ¿Es que usted tiene culpa del acto?
¿Tiene derecho de aparecer en cada mañana? ¿En cada rato?
Legándome sus palabras, sus gestos, sus cantos
Y ¿yo qué sé?, lo que parecen ser algunos tantos garabatos.

¿Es qué ha puesto las piedras con las cuales tropiezo duran-
te cada cruce del camino?
Recordando intermitente su presencia y el sendero a un
idilio
Es que ¿acaso quiere que de vuelta a mi camino?
Solo para encontrar las ruinas quemadas de los corazones
suyo y mío.

Pues no será así, ¡ya lo he decidido!
Pondré piedras que puedan dar un cause al río
Que mi recuerdo sirva para estancarnos en el olvido
Y que las golondrinas, libres de todo designio, sean quienes
guíen este destino.

Que mis pasos borren los suyos
Que entre caricias se diluyan las suyas
Desollando mi piel de augurios
Librando mi mente de angustias.

Desde entonces me aterran preguntas, las cuales evito
¿Será que las mismas preguntas, en algún tiempo, usted se
las hizo?
¿Acaso nuestro cause, entre el tiempo, se ha perdido?
¿Será que, algún día... las golondrinas regresaran a aquellos
balcones cenizos?

LUNAS EN UN CHARCO

Y esas caricias tuyas siempre fueron como lunas en un
charco.
Brillantes reflejos opacos de lo que había el cielo... Tu cielo.
Frías gotas del chapotear de mis manos
Que se dispersan sobre mí estando en hambruna de afecto.
—

No se puede más que recoger cada perla
Y atesorar aquellas dentro de mi corazón
Pues escasas son, y solo vienen en tiempos
Tiempos de lluvia en que tiemblan las palabras y la razón.
—

Busco en el cielo tu cara, para poder siquiera tocarla
Y como el mono, caigo al agua con el puño cerrado
Cerca, muy cerca del pecho
Sintiendo en los huesos los besos que tú me dabas

"EL LOBO HA DEJADO DE VESTIRSE DE OVEJA"

Curiosa siempre ha sido la música japonesa
Desde la música Enka hasta la actualidad
Pues en sus letras se puede encontrar paz
Así como la ira más intensa.

De soledad escribo, y de soledad he encontrado
Aunque el quehacer con ello es complicado
Víctimas encontramos millones
Y de resignados sabemos hace eones

¿Qué puede hacer un alma tan disonante?
Cuando su odio arde, cuando su tristeza abunda
Y no hay más culpable que uno mismo y su presente
Afrontarse. Tomar rumbo de su barca. Y saberse entre la
bruma.

Estas irascibles garras, que reposadas se deformaron
Es tiempo que vean la luz y empuñen el timón
Frágiles y letales se irán moldeando con el roce de lo adverso
Incluso si se tratasen de las cadenas en que se postraron un
tiempo.

Victimizarse es de riza. Resignarse de mediocres
Que, aunque más no se pueda hacer de ello, el show debe continuar
Tomar camino arrastrando lo que se esté dispuesto a cargar
De pues de todo, las cosas cambiarán o se irán después del
primer tope.

Mírame, me odias por ser tan diferente
Te miro, y sé que no puedo seguir esclavizado a ti
Que, aunque no lo has pedido de frente
Tu egoísmo habla, hiere, y es de sentir

Ni tuyo, ni de nadie
Solo de lo que mis garras puedan un día grácilmente tocar
De aquello que mis manos puedan sanar
De aquello que sus manos puedan cuidarme siempre

Y duele
Y lastima
Evoca nostalgia
Cambiar a lo que se desea

Aunque sé que heriré
Estoy dispuesto a pagar el precio
A final de cuentas
Son heridas que quedarán plasmadas en mi

Cosas que no quedan más
Como hacerse de la vista gorda al sufrir
Te tomo entre mis manos, sabiendo poderte herir
Y te desmoronas con solo confrontar

Vamos, huye, huye de mi
Como siempre lo había esperado
Nunca luchas por lo que dices haber amado
Mucho menos si ha cambiado a algo fuera de ti

Vivo con ello
El saber de la soledad
Agridulce a las penas
Y gélidos abrazos de piedad

Nunca se sabe dónde está el hogar
Se camina eternamente, sin dirección y lugar

Probando hieles y mieles por donde fuese
Con la esperanza de nunca regresar

Y si bien no he terminado de encontrar mi hogar
Plañiré lo necesario, y lloraré lo que tenga que llorar
Porque aún hace tanto frío, aquí adentro y allá afuera
Que, si no calienta alguien, solo queda caminar.

MÍRAME

Mírame, después de tanto tiempo
Mi piel se vuelve ceniza
Los tiempos nuestros se vuelven historias lejanas, historias
de huidas.
—

Mírame, justo como cuando nuestros ojos eran enigmas
Jóvenes que jugueteaban entre sonrisas
Entre uno que otro faro, con los que la ciudad así nos cubría.
—

Mírame, como a un trovador cantando su canción en la ven-
tana
Como se miran los amantes en la madrugada
Sin decir palabra, solo sintiendo el palpitar.
—

Mírame, de cuando en cuando, en momentos que te sientas
sola
Las fotografías en la lejanía no cuentan horas
Y consuelan si algún día las caricias se añoran.
—

Mírame, como cuando dar un paso no costaba, del corazón,
un fragmento
Y de la mano caminábamos eternos
Sin que nuestros dedos sintieran ya el compromiso.
—

Mírame, como si el tiempo no hubiera borrado el senti-
miento
Como si esos errores fueran versos
De una historia, tuya y mía, que sólo conoce el viento.
—

¡Mírame, maldita sea! Sin voltear la cara aun estando en-
frente
Este momento, escaso y único, es nuestro presente
Y aun así lo evades, aunque con certeza lo sientes.
—

Mírame, como se miran los amantes trágicos
Con el cariño en los ojos, y el calor en los brazos
No con la nostalgia de aquellos que no vuelven cuando parten.
Mírame está última vez; como si el dolor hubiese sanado
Te imploro, como lobo a la luna, en un lamento
Me dejes dejarte ir, y quedar así, como un recuerdo.

DESESPERANZA

Estoy harto de este corazón vacío
De estas manos cansadas
De estos latidos fríos.

Estoy harto de esta carne rota
Que desangra aquí en el pecho
Y que, de a momentos, cuenta la historia

Estoy cansado de los caminos
En que pisoteados nos vimos
Para después levantarnos

Con miradas tristes andamos
Cargando libidos pedazos
De lo que fue nuestra vida adorada

Estoy cansado de intentar repararme
En intentos tan varios
Siempre rompiéndome a instantes

Estoy cansado de intentar consolarme
En las noches eternas
En las estrellas distantes

Estoy cansado de intentos de amor
De esos que brindan caricias
Y que se marchan cuando se acaba el bourbon

De esos que tienes que cuidar de sí mismos
Remendándolos tan fino, tan perfecto
Que se rompen a propósito, sin remordimiento

Estoy harto de arrancarme el corazón desde el centro
Para entregarlo a bien de sus tormentos
Y recibir su partida en recompensa

Y cuando creía ser lo suficientemente inteligente
Para amar lo que se merece
Vuelvo a ser víctima de mi confianza

Olvidaba lecciones importantes
Lecciones que el dolor habían de azorar
Pues siempre, de cercanía, la herida será letal.

Y aun roto y sin remediar
En el mundo nunca han podido encontrar
Alivio y esperanza en algún otro lugar

Pues los corazones vacíos brillan
Afables, confortan
A todo aquel que en penumbra ha de estar

Y aun cansado de esto
Refugio en él se puede encontrar
Una vez que lo que se ama haya dado la espalda
Una vez que lo único que queda es uno mismo para caminar.

FRIO

La cobija que grácil arropa sincera
Las noches eternas de luna y vela
Acompañante fiel a la piel desnuda
Que, de tanto estar, al alma quema.

La frontera entre yo y todo
Y del todo la constante eterna
Moviendo en vaivenes la vida
De manera hermosa y siniestra.

El frío para el solitario, la caricia eterna
Que deambula entre sus palabras, entre pena y pena
Que lo mueve a seguir camino lento entre la estepa
La razón de su éxodo en este mundo, que naturalmente lo
eyecta.

Para el poeta, el soplo que recubre sus palabras
Entregado hacia su musa, se consume las entrañas
De paroxismos e inclemencias, entre fiebres e hipotermia
Desangrando en su pluma, el corazón vacío se queda.

Para el que aprecia, es el contraste entre los matices
La vida y la muerte, en escala de grises
El preludio a la sublimidad y encanto del acontecimiento
El inicio y el fin de un nuevo mundo, y de todo lo que fue
eterno.

Y aunque lo repudio, el amante sabe más de esto
Pues el frío es casi antitético a ello, a su felicidad, a su gozar
intenso
Causa de su constante huida, y su inevitable regreso
Pues de a instantes el muere, y así vive con el miedo

Para el amante, es causa de movimiento
Aquello que no permite la eternidad de su amor, hasta el
final de los tiempos
Que marca los milímetros y los mundos entre su amor tan
ingenuo
Aquello que no permite la estasis, y que se caiga a pedazos
como las cenizas al viento

Para mí, el frío siempre ha sido causa de vida
Pues entre corrientes tan bastas me lleva deprisa
A la fortuna del destino incierto por un poco de calor
A la dicha de saberme a mí mismo capaz de dar amor.

Pues desde siempre ha hecho frío en mi corazón
Y solo ese breve latido me hace sentir vivo, aquí en mi interior
Tenue y pacifico reposa en mi pecho el calor
Que, aunque escaso y mísero, entre la muerte y el frío,
siempre basto

"HOGAR (DRIVER'S SEAT)"

"Black" suena en la carretera
Fuerte el viento
Rápido el tiempo
Las cartas en la mesa

Las cadenas ya no pesan
Solo son molestos recuerdos
Que se escapan lento de mis dedos
Y me despojo, desde dentro, a las laderas

¿Qué le espera al hombre en vela?
Si de sueños se hace la fe
Ahogado en banalidades de ayer
Y en un presente que aún espera

La madre que maldice
El padre harto, ya cansado
El hermano que vuela del pasado
Y la familia, que de trivialidad vive

El aposento profanado ya no calienta
Aun cuando, putrefacta, la carne queda
El agua que cae sobre mi cara sedienta
No se lleva el dolor del alma con ella.

Y si de la casa y el aposento no se hace uno
La carretera arrullara con su canción
De una historia de un lugar mejor
De un éxodo del cual pasos no hay alguno.

El viento me toma en sus brazos
Solo por efímeros noventa minutos
El tacómetro es la brújula que marca los rumbos
Pues solo se puede ir de frente a los ocasos.

Me gustaría pensar que huyo
Eso haría la cosa más fácil
Contemplar el paisaje tan grácil
Y lentamente varar en el cielo nocturno

Terco, peco de ser un hombre de ambición
Pues un lugar cualquiera no me basta para morir
Las brasas de un hogar afable he de perseguir
Hasta ver mi cuerpo sanar su decepción.

La bestia desbocada contempla
Momento oportuno de romper el silencio
Destrozando, sin fuerza, las ataduras del cuerpo
Solo para recorrer una vez más la carretera.

MUERO

Me muero, mi vida, me muero
Pues el calor de mi centro se escapa
Ahora solo queda un hueco en mi pecho
Que penetra profundo hasta mi alma.

Siento tristeza de los afectos someros
Que me brinda el mundo a través de sus miedos
No así, recompensa de los suspiros que entrego
Por haber dado todo, aunque fuese incorrecto.

Me muero, mi vida, me muero
Mientras que a ti no parece importarte
Y ante todo esto dices "Te quiero"
Antes de andar a otra parte

Mi amor infinito dejo de ser eterno
Como el silencio de las golondrinas si no sale el sol
Así es como doy entierro previo el momento
En que solo brote sangre seca de este corazón

Ya los colores se han ido con el pasar de la estación
Junto a los fragmentos rotos que vuelan desde mi interior
Ahora los días color sepia abundan en el calendario
Infestados de melancolía y un futuro que no es hoy.

Me muero, mi vida, me muero
Mientras tu solo andas por el corredor
Hoy tu bella figura me incendia
Mañana seguirás amando y pensando a alguien que no soy
yo.

Me muero, mi vida, me muero
Y no lo sabrás hasta que haya partido el vagón
En el momento en que no sientas mi brazo
En el momento que no puedas ver la estela de aquello que
desapareció

LYCANTROPÍA

Soy un hombre de soledades
De incompleta melancolía por una falta irreconocible
De intentos miles para suturar heridas de un ayer

Hombre de vestigios, retazos de tiempo
Negado a abandonar los momentos
Consciente de lo fugaz de la felicidad

Bestia de mil heridas
Agazapándose, desangrando hacia el horizonte
Huyendo hacia la promesa de un mañana

Afable lobo estepario
Temeroso y hostil del caer en el vacío
Ingenuo y perspicaz al amor de unas manos traicioneras

Hombre confeso ante el miedo
Bestia famélica de afecto
Dando cuenta de su último intento

Ese soy
Aquel que ha perdido en su victoria
Aquel que el rumbo perdió en su búsqueda de un comienzo

Y aquí estoy
Exponiendo mi carne a la tempestad una vez mas
Nada más queda, nada más hay

Ciego ante un destino
Cierro y giro el barril cargado, apuntando el cañón sobre mi
sien
Entre salva de plata y parabellum, convierto escrituras en
suerte

Pero, por favor, guarda tú un último tiro
En caso de que un vacío sea disparado hacia mí
No podría soportarlo, no podría vivir jamás

Y al ser así, mátame
Es indispensable para plasmar tu amor sobre mí
Pues si seguir así es dictamen divino
Tu rostro es lo último que, en mi voluntad, quiero recordar.

AMOR SOLITARIO

Aquí no hay tragedia
Solo la impotencia de un corazón
Ese que entre barrotes su amor encerró
Enjaulado a los límites de quien ama.

Y por las noches llora y corta su carne
Con las uñas, o algún pasador
Para así ya no amar tanto
Para así estar mejor.

Pues el corazón solitario ama tanto
Que antes de ver destruido aquel amor que se vuelve tan
chico
Prefiere cercenarse de un tajo
Todo aquello que de él se hizo.

Frágil es el amor ante el corazón solitario
Este se entrega, cuida y quiere
Creciendo inconmensurablemente
Hasta dejarlo todo en ruinas.

Es por ello que el solitario deambula
Pues ya se ha de haber entregado a algo
No hagas que se entregue si tu amor es falso
Y no hagas que crezca, si no pretendes cuidarlo.

Decirlo no es cuestión de lástima
Sino para precaverte de mi
De las noches frías en vela
De la ausencia de quien dio todo a ti.

SEGUNDO LATIDO
EL MECANISMO QUE DA VUELTA AL MUNDO

GIRASOL

Giran y giran los girasoles
Buscando, en un abrazo de cielo, el calor
Sin pena de ellos, ni de otros el pudor
Moviéndose en tenues ilusiones

Aun cuando hubiese latidos sumisos de sol
Siempre temerosos al arribo de la sombra
Impolutos se mantienen en derredor
Robando la belleza que del paisaje cobran

Contemplo aquellos bellos colores brillantes
Que de la paciencia y la inclemencia, a campo abierto, nacen
Dime tú, flor tan bella
La historia de tu tan abrumante estela

Pero solo cuenta a mis oídos el secreto
Con tu ondear con el viento
Con tu silencio en mi pecho
Con tu hacer con el tiempo

Cualquier otra cosa te arrancaría de la vida
Y aunque ese egoísmo mío lo pida
Te dejo libre en tu movimiento
Aún si solo giras a donde ese sol brilla

Han pasado las estaciones y aún continuas
Cerrándote a la oscuridad, abriéndote sólo al día

He aprendido la voluntad con la que miras
He comprendido la pasión con la que giras

Mi corazón late fuerte y constante
Aún con la duda de saberme en el contemplarte
Pero, cuando menos sé que perdido no voy
Pues aprendí a mirarte como tu miras al sol.

INSOMNIO

Una cobija que siempre se encuentra revuelta
Acaricia y estorba cuando el insomnio se muestra presente
Se mueve violenta entre las piernas, como olas silentes
Desprendiendo el calor de un cuerpo en penumbra.

Pensamientos vienen al ceño y sentimientos se albergan en
las entrañas
Como si un malestar nocivo y nauseabundo poco a poco
acechara
Derramando sudor por todo el lugar
Poniendo delirios a un telar que nunca se detiene

Se que, por una parte, el dolor del pensar agotará mis ideas
La jaqueca equiparara a la resaca, y se moverán dilatadas las
viceras
Ese putrefacto ser que se origina entre el copular del senti-
miento y el pensar
Tendrá su alfa y omega hasta el claro de la mañana.

Busco el sueño; cumplimiento de deseo, aunque fuese na-
rrado en angustia
Busco una trama que de rienda suelta al onírico capítulo de
una novela surrealista
Pero no pasará
El deseo sólo se puede bordear

Los ojos se cansan y aun así aguantan en contra de su vo-
luntad
El cuerpo se tensa, los huesos arden y queman en reposo
para descansar
Esfuerzo inhumano digno de una oda griega
Pues pareciese que se vive el dolor que no se sintió cronoló-
gico al tema

Hay que parar de pensar, hay que para de sentir
Pues es enloquecedor un mundo de supuestos que te llevan
al morir
Y quieres arrancar de tu pecho el sentimiento excedente
Solo para tener certeza de algo, que fuera de ti acontece

Jugueteas con tu mente para poder bordear un límite
Engañado de poder tener la forma de sortearlo de manera
sublime
Y solo recuerdas la sensación de tu piel contra la cama
Recordándote que nada de eso pasara por más que trates.

Así, descubres que esa sensación nauseabunda se debe a la
carne necrosa
De tu cuerpo tajado por aquel limite
Y que la falta de sueño es el método
De no imaginar nada que le obstaculice

Y sabes que ahí acaba toda la confusión
Pero, así llega la locura del padecer
Repitiéndote a ti mismo esa máxima engendrada
Tantas veces falten para el amanecer.

RESONANCIA (ECOS)

Mi voz resuena en las nubes
Eco, relámpago, de un dolor que no es escuchado
Se deshace con el viento, se pierde en la inmensidad
Sin embargo, la tristeza sigue y el cielo llora.

Palabras que se diluyen en los mares del horizonte
Dejando únicamente su inminente sonido imperceptible
Tal vez por eso el cielo ruge y no habla
Tal vez por ello el cielo calla mayormente.

Mi voz resuena en las nubes
Alturas inalcanzables a oídos sordos
Oídos con capacidad y poco interés
Palabras con que rompen el alma en trozos.

Tal vez sea por lo que escribo en las nubes
Donde, de todos modos, no serán escuchadas
Tal vez me he vuelto celoso y egoísta de mis letras
Cortando toda conexión con el mundo sin escucha.

Mi voz se guarda entre hojas de una gastada libreta
Eco relámpago de todo aquello que se puede sentir
Sentado en la torre mas alta del mundo observo
Al cielo llorar su siempre silente sufrir.

SIMETRÍA SOLEDAD

Soledad
Armonía soledad
Simetría de la quietud
Sinfonía del claro-oscuro horizonte.

Vertical
Caigo en vertical
En paz me dejo llevar
Por la gravedad que conduce a lo desconocido.

Goticulas de un aliento
Respiro, soy yo
Dando calor a mi rostro
Seco en la quietud de la simetría.

Engranaje de una máquina que se mueve lento
Reposo en ella, y nos ilumina el sol que atardece
Rayos naranjas que se escurren por el vitral transparente
Hacen disfrutar la inminente y placentera soledad.

Soledad solitaria
Separada de un mundo que lo intenta consumir en su soledad
Personal, subversiva, y por sobre todo mía
Regodeándome en las arenas que le he podido robar a Cronos.

Soledad
Simetría soledad
Simetría de la quietud placentera
Sinfonía del cuarto menguante de mi vida

OLEO

Oleo desesperación
Mancha grácil y lentamente el lienzo
De los momentos que ocurren en el tiempo
Que parecen estancarse faltos de alguna dirección.

Panorama color colera pasajero
Que se despeja con las nubes y como ellas regresa
Dejando entrever un bosque de tristeza
Que se llena de flores bellas, hechas de lágrimas.

De nada sirve ocultarse de ello
Aun entre esta pila de estupefacientes los veo
El xanax y un trago de ginebra que caen por el gotero
Solo nublan la visión, sin matar todo esto.

Pequeñas gotas de lucides se esparcen por el cielo
Dan cuenta de que aquello solo es un momento
Tiempo que se desmorona, tiempo que muere lento
Tiempo que mata el alma entre bramidos y lamentos.

Intima obra que cobra cordura
Numinosa técnica que al corazón desfibrila
Lo deja agonizante, hasta sus restos, en una orilla
Desplomándose entre la multitud, su soledad y su locura.

Lienzo retaso de la túnica del tiempo
Que se funde en mí de manera inesperada
Segundos que pulverizan los huesos hasta la nada
Tiempo de óleo, tiempo que pasa.

JAZZ DE LA MAÑANA

Esta mañana desempolvé el tocadiscos
Arrebatando al ocaso sus ojeras tristes
Despejando el vertedero de sueños grises
Entre sabanas de complicidad y brazos vacíos.

El jazz matutino que había perdido
Aquel que se da entre el silencio de un café y un cigarrillo
Que impregna los cuerpos desnudos
Y que los hace saberse victimarios de su vicio.

Sonidos que penetran como un gemido
Languideciente de dolor, alcanzando el clímax
Haciendo emerger nuevamente el brillo en las pupilas
Un saxofón que arropa las penas en sonido.

Foxtrot que brinda sensualidad a la miseria
Y unas manos que reposan en el corazón roto
Lo recomponen en una suerte de decoro
Albergando y circulando vino caliente entre sus arterias.

Par de seres que se entremezclan en este cuadro
Marco de una escena al óleo de la intimidad
Trazos hechos por sus fluidos de vitalidad
Convergen y se funden, al tono del sol menor.

Uno
Un tiempo
Tiempo que muere
Plasmado en la escena sin tiempo

Se preserva un ser sentado en su sofá
Hecho uno consigo, y la música que resuena
Piezas que vuelan en el viento
Y con le trino de la mañana volverán

LYCORIS

Este momento intimo
Fuera de una fiesta, a pie de carretera
Con las luces de los autos estrellándose por donde quiera
Permanece en mi cabeza preservada en acrílico.

Es triste y feliz
Una memoria que quiero conservar
De dos mejores amigos, en aquel lugar
Donde el suicidio de uno es la directriz

Embriaguez del cuerpo
Sobriedad del pensamiento
Y las luces, las malditas luces
Que ponen el reflector del momento.

Palabras que emanan pestilencia a muerte
Disfrazada en los dulces sabores de la razón
Las tragamos, una a una, en conversación
Concluyendo en las manos esqueléticas de la suerte.

Flores, campo abierto, y las luces
Luna que cubre el camino deshecho al rancho
Alumbra en silencio los firmes pasos
De un hombre que camina al acabose.

Un hombre que camina con la soga al cuello
Como todo buen sujeto que ha superado la desesperación
Acaricia las fauces del sinsentido y su noción
Se sabe humano, imperfecto, destinado a un sueño eterno.

Un abrazo que se perpetua en el cuerpo
Y del cual nacen estos melancólicos versos
Que nacerán mientras la lycoris florezca
Y está imagen perezca, dejando sus restos en el pensamiento

THE HANGED MAN

Luz de luna que desarma esta mascara
En un cúmulo irreconocible de piezas de rompecabezas
Deslizo mis dedos hasta encontrar una de ellas
Donde, al toque, mi corazón cruje.

En él, un sentimiento de vacío que se ha vuelto confortable
con la constante
Supongo es el vacío del tiempo, del cambio, y del silencio
Las cosas eran diferentes cuando envolvía el vacío en estu-
pefacientes de escaparate
Pero ahora pareciera que ante ello había quedado ciego.

No lo digo con nostalgia, ni la extrañeza de un reformado
drogadicto
Lo digo con el pesar de los vendavales que he cruzado
Y que sin cuenta darme, me he quedado desnudo.

En esa vulnerabilidad, la mascara
Mentira que he hecho mi piel, y que se quema a la luz de los
ojos
Ciclo infinito de mutilación y recubrimiento
Pues sólo me cuesta un fragmento de mi alma hacerlo.

Lentamente he perdió esa anima en el proceso
Soy un cascarón vacío de recuerdos del sentirse "vivo"
Un cascarón vivo, recuerdo del sentirse vacío
Un languideciente ser en la frontera de sus deseos y el olvi-
do.

Ya roto, ya carcomido por un ciclo infinito de pena confor-
table y alivio en el precipicio
Casi por inercia cae este cuerpo a hacerse añicos en el piso
Caída libre en dónde un nuevo vendaval arranca todo, hasta
esa vulnerabilidad de la que fui esquivo.

Desesperado intento, a manos llenas, librar esta muerte que
avecina
Aunque la conciencia del imposible es más que consabida
Tengo estas alas en la espalda que nunca se han abierto
Y solo en este momento me aferro a algo desconocido y
nuevo.

Alas recubiertas en un ciclo de mentiras, mascaras, mutila-
ciones y miedo
Oxidadas por la cobardía de tomar un rumbo
A penas si pueden salir de la estasis hacia el mundo
Es necesario volar contra corriente, mientras que poder en
silencio dudo.

A unas cuantas decenas de metros del piso
Una máscara se desarma en piezas de rompecabezas
Un cuerpo despliega sus alas, mientras un languideciente
ser vacío espera
El resultado de su apuesta, desnudo, mirando el pavimento.

CUERVOS QUE GIRAN

Reservorio de pesadillas
Que giran y giran por doquier
Cortan mis mejillas como moscas
Posándose en ellas, comen mi carne, la escupen en la sopa.

Esta paz se ve perturbada
A cinco segundos del completo bienestar
Demonios que perforan pulmones con navajas
Lacerando el poco espíritu de lucha

Giran y giran a momentos, después del despertar
Dejan una tajada sin sangre en el pecho
Que arde irascible desde dentro
Cuando los difusos rayos de sol logran conectar

Las piernas son abatidas hasta la ruptura
Por el peso de un inefable no saber que sea
Las manos amputadas, los muñones con septicemia
Mi alma se pudre desde dentro, sin esperanza de cura

Crímenes, puniciones, y unas llagas que no se sabe de dónde
vendrán
Reconozco este cuerpo putrefacto, lleno de latigazos
Es de toda la angustia que cae como lluvia en el regazo
Que en su inclemencia solo me hace llorar

Roto
Cuerpo roto
Cuerpo roto a voluntad de los cuervos endemoniados por mí
y mi soledad.

Estiró los brazos
Acojo el dolor
Lo abrazo
Hasta desaparecer en el tiempo

CIELO - I

Mira
Mira al cielo conmigo
Con la inocencia del viento
Que lo acaricia lento
Sin pena, ni hastío.

Pues, de cuando en cuando
Me gusta ver lo radiante del frío
La suavidad de la primavera
Y el morir de las transiciones.

No es algún arte oculto
Ni de cultos y sus pormenores
Es algo tan grácil cómo mirar a las flores
En su viva llama, y decadencia.

Déjame guiarte entre azules y blancos
Óleos brillantes, con tintes tan bastos
Dignos de querer ser recortados
Como las fotografías de una revista añil.

Mi empresa no es para nada benevolente
Mucho menos pretenciosa
Pues de ella guardo seguridad de una cosa
La mínima noción de realidad que el mundo me proporciona.

Me explico; pues no me explico a mí mismo
¿Cómo es qué la gente hoy en día,
Siendo tan ingrata y sombría,

No ha podido mirar el firmamento?

Se cautivan de los cadáveres de flores
Dando elogio y sacrificio a la Muerte
En vasijas o vasos de diversos colores
Creyendo poder poseer un fragmento de eternidad.

No es que ello esté mal
Aunque sea altanero a las musas
Haciendo de su libertad una burla
Su destino lo encuentran en los placeres

Y de placeres mueren
Como los pétalos de una flor seca
Extinta, se desvanece incrédula
Para no volver nunca más.

Sin embargo, hay cielos
Que se tiñen degradados del sol
Como el alba que guarda misterios
Y les da fin en el escarlata atardecer

Naturalmente indómitos
Imposibles de palpar con un dedo
Escurridizos al capturar su luz
Quedando únicamente en el momento.

Cielos que consumen en incandescente belleza
Cielos que entre estrellas claman pasión
Egoístas ante aquellos que los observan
Caprichosos de quien ignora su acontecer.

Te pido qué mires conmigo
Como el regalo más grato que he conferido
Como salvación de perderme entre lienzos divinos
Cómo el más íntimo secreto que nos guarda.

Es que su belleza es manifiesta
No así su sublimidad sombría
Pues para Nietzsche era un abismo
Para mí, el cielo estremece en su presencia.

Hay cielos que consumen
Pues te devoran para no volver más
Cielos que no dudarán en posarse al ras de tu nariz
Con tal de perderte en su faz.

Cielos que caen y te aplastan
Destrozan tus huesos, y te hacen perder voluntad
Cielos que lloran su dulce suplicio
De todo aquello que han perdido y no podrán encontrar.

Cielos que braman la soledad
Entre vendavales dolorosos
De la pena que han cargado
Y que llevarán por la eternidad.

Mira, mira al cielo conmigo
¿Dime que es lo que ves?
Mira, mira al cielo conmigo
Dime ¿lo harás?

SÁBADO EN LA CIUDAD DE ORIGEN

Dejé a mis amigos para ser tomado por la poesía
En una ciudad que se sumerge en su triste atmósfera
Entre variados calibres de municiones, y el hedor a pólvora
Me siento en la banca que hace tanto tiempo contaba la vida.

Recorro la ciudad en el Volkswagen 2006 de siempre
Admirado de los cambios profundos en mi ausencia
Ahora el decrepito vendedor de ropa cerró su tienda
Se ha convertido en escaparates de una boutique de ataúdes

La sangre chorreante en los pisos ha sido limpiada
Al mismo tiempo que mi sed de poesía nacía
Ahora escucho narcocorridos en el fondo de ésta cafetería
Y fumo cigarros con café en la triste banca

Oh, ésta banca
En que se vio el júbilo y la vida
Hoy esa vida se escurre entre los adornos barrocos y su he-
rrería
Dónde el tiempo se detiene, en malévola ironía

Fumaré mis cigarros y me dejaré ser tomado por las letras
Hasta que el tiempo se agote en el segundero inclemente
O hasta que un bastardo me apunte con su arma en el medio
de la frente.

Se siente un aura hostil en la ciudad
Las luces a bulbos iluminan mi suerte
Y corro nuevamente al auto huyendo de la muerte
Que, fétida, se plasma en la piel como un punzón de calami-
dad.

Aquí no se puede confiar en nadie, mucho menos respirar
La asfixia es latente en aquéllos que osan deambular
No hay ayuda para los perdidos, ni clemencia para el desa-
fortunado
Sólo una serie de balas, de armas improvisadas o de baja
calidad para los forajidos y temerarios

Palabras
Palabras sepultadas
La voz que calla vivirá libre y sobajada
Muerto en vida, que camina, a la sombra de la muerte en-
carnada

LYCANTROPÍA II

El revolver ha quedado vacío
Todas las balas repletas de un sin sentido
Perforaron mis huesos, se encarnaron en mi cerebro
Y en algún momento deje de lamentar estar vivo.

Abandono de los momentos y los retazos de tiempo
Que se escurren de las manos que sostuvieron la noche
Se desintegran al toque del alba en los dedos que se rompen
Enterrando este cuerpo en el más profundo silencio.

Silencio
Silencio a las heridas perpetuas
Sin los bramidos lentamente se cierran
Ausente de aullidos que manchan la luna en pena.

Bestia de mil cicatrices
Convertido en hombre desagarrado
Se tira al vacío desde el precipicio
Y no muere, como tantas veces, en vano.

Se aprende a vivir con hambre
Pues se sabe que es solo un momento
Aún famélico de felicidad, calma y afecto
Llegarán cuando el viento los clame.

Secciono en dos las identidades
Renuncia del lobo y toma del hombre
fusión simétrica de la tierra y el horizonte
Licántropo que corre tras nuevos vendavales.

Designio numinoso o voluntad humana
Me contrapongo a un cese de ajena causa
Vida y muerte serán proclamadas por mis garras
Mientras la noche y el día cubran el mecanismo de la torre
más alta.

DELIRIO EN SOLEDAD

Entre la sombra y un suspiro
Cada bocanada de rabia
Cada cantico maldito.

Muere exhausta mi cabeza
A pies de un infierno frio
Aniquilando mis glorias, elevando el suplicio.

Las redes que tejen las arañas
Dentro de este encéfalo vacío
De solo un pensamiento triste, punzante y efímero
Que rueda como nuez en una caja.

Pensamientos viajan por esas telarañas
Originados en la nuez que en mí habita
Chocan unos contra otros, a toda prisa
Y de esa coalición nace un sentido.

La peor frustración de un delirante
Que se aferra a su duda y a su respuesta inefable
Es palpar su locura en un lienzo
Con los colores caprichosos de una vida y su tiempo.

Es palpar sobre tus manos la realidad maldita
Que la locura se encarne fuera de ti, en completo caos
Después de todo, los deseos pueden realizarse por completo
Mas nadie nunca esta dispuesto a morir en vida.

ENTE LA MUSA FORNICADA Y LA PLUMA SANGRANTE

Con el tiempo me doy cuenta
Que la poesía nace de los vigorizantes
No hablo de las sangrantes narices
Ni de las inyecciones por la madrugada
Sino de aquello que consume el alma y cubre al corazón

Se le roba un fragmento al tiempo
A un mundo tornasol
Lleno de luces destellantes
Y pútridas penumbras al unisón

La poesía
Impío invento humano
Sádica como la naturaleza del mismo
Sublime como el canto un ave al alba

El poeta copula con su musa
Festival y festín perverso
Donde al filo de un gemido
Se toma el mas bello sentimiento

Llenamos de lágrimas las plumas
Lágrimas de musas al extirparles un pedazo de si
Delineando con cada una palabras y versos
De aquella incontenible escena repleta de sentir.

Odio, desesperación, injundia
Una pequeña oda a la existencia
Amor, melancolía y tristeza

Los motores de una mano que se mueve en impaciencia.
Palabras a vista de todos
Y que solo pocos pueden descifrar
Lenguaje perverso muerto en vida
Que el poeta usa para a todo el mundo desollar.

ASTRONAUTA (CICATRICES)

Miles de cortadas en mis brazos
Desollé es el castigo que me doy
En la penumbra de la desesperación
Mis uñas recorren mi piel por debajo.

El cuerpo duele y no se acostumbra
Este dolor siempre es diferente al alba
Y entre las nubes de lluvia, mi aliento clama
Estrujando al alma que pierde su lustre.

Un corazón se apaga, al filo del páramo en el horizonte
Un atardecer lo reclama a la oscuridad y lo oculta
No ha servido de nada correr huyendo hacia la luna
Caída libre por la atmósfera mientras poco a poco te rom-
pes.

Miles de cortadas en mis brazos
Que albergan cada escenario de tristeza
Soy un astronauta que busca sus estrellas
Y como un meteorito, cae roto a tierra.

Miles de cortadas en mis brazos sirven de recuerdo
De lo que hubo y ya no hay
De lo que tengo, y lo que mañana será
De la felicidad que ahora poseo, y mañana se ira
Y por sobre todo, que hay que pelear contra la gravedad.

CAFÉ O ALGO MÁS

Remanente caricia
Se perpetua en mi cuello
Recorriendo la tráquea
Brinda calor al gélido recuerdo

Amarga estela se disipa
Deleitándome con su momento
Se apaga como cadáver celeste
Lento consume al corazón

Tiempo de dos
Aquel que aprecia y sus memorias
Un cigarrillo entremiso entre sus labios
Ambienta la noche sombría.

Te tomo en mis manos
Como hago cada día
Con delicadeza me hago de tus delicias
Ardo hasta momentos antes de acabar

Consúmeme en momentos calmos
Antes de que tenga que partir de aquí
Volveré a verte pronto, sin importar a donde vamos
En la casa, en el café, cualquier lugar es bueno para poderte
sentir

Gerardo Agustín Rodríguez Martínez
Acámbaro, Guanajuato. 1994

Poeta de cafés y escritor de bar. Hombre que en su transitar por la vida, entre el constante sentimiento de disidencia, aprendió a contemplar el mundo. Siendo así, el presente poemario se conforma de una recolección -casi- cronológica de la manera en que este autor logró sangrar de las palabras su sentido; pasando por el sentimiento visceral y ultimando en una contemplación precisa y singular de la experiencia.

Licenciado en psicología clínica, abocado a la docencia e investigación; practicante del psicoanálisis; musico y apreciador del arte.

Este poemario
fue confeccionado en el
Territorio Panhispánico de
Casa Bukowski Internacional,
en el mes de Julio del 2023

La edición estuvo a cargo
del poeta chileno
Ivo Maldonado

Casa Bukowski
Editorial